LES MOMENTS DÉCISIFS DE L'HISTOIRE DE FRANCE

JACQUES BAINVILLE

SSEL

TABLE DES MATIÈRES

Avant-Propos 5
Par Maurice Donnay de l'Académie Française
I. — La Gaule romaine. 11
II. — La chance des Capétiens. 15
III. — L'ouvrage de Jeanne d'Arc. 20
IV. — Le dévouement de Henri III. 24
V. — La vérité sur le siècle de Louis XIV. 28
VI. — Louis XVI auteur de la Révolution. 33
VII. — La Révolution et la Belgique 38
VIII. — La Scission de 1830. 43

COMMENT S'EST FAITE LA RESTAURATION DE 1814

1. Où science et bon sens font justice d'une légende 51
2. Calculs et dissentiments des Alliés au moment où ils envahissaient la France 57
3. Ce que les Alliés pensaient des Bourbons 62
4. Quelles étaient les grandes et véritables préoccupations de nos vainqueurs 67

5. L'initiative et l'oeuvre des Royalistes
   français   72
6. Quel était, en 1814, l'état d'esprit de la
   population française   77
7. Comment fut acquis à la Restauration
   un partisan de la plus haute
   importance   81
8. Le suprême obstacle au
   rétablissement de la monarchie: le
   veto d'un monarque étranger   85

AVANT-PROPOS
PAR MAURICE DONNAY DE L'ACADÉMIE FRANÇAISE

V oici sans doute le dernier ouvrage du regretté Jacques Bainville ; il l'a écrit un mois avant sa mort. Il était depuis un an bien malade ; mais il a travaillé au milieu de souffrances inouïes et, jusqu'à son dernier souffle, il a donné l'exemple d'une volonté, d'un courage, d'un stoïcisme, d'une lucidité aussi qui ont fait l'admiration de ceux qui l'approchaient. Et le hasard fait que rien n'est plus pathétique, dans ces circonstances, que le titre qu'il a choisi pour ce dernier ouvrage : « *Les moments décisifs de l'histoire de France* ». On dit que parfois un homme qui va mourir revoit toute sa vie, en une seconde, comme dans un éclair. Ainsi, on dirait que, dans un de ces instants où abandonné de tout espoir, il savait, il sentait qu'il allait mourir, Jacques Bainville a vu, comme dans un éclair, cette histoire de France qui était toute sa vie, à laquelle il avait consacré toute son étude, depuis un de ses premiers livres, Bismark et la France, jusqu'à Histoire de la Troisième République et qu'il en avait saisi, comme dans un éclair, avec son admirable clairvoyance, les points décisifs. De là ces huit chapitres qu'il a écrits et qui nous montrent depuis la Gaule romaine jusqu'à la scission de 1830, les points singuliers de notre histoire.

Comme l'histoire de chaque pays d'ailleurs, Angleterre ou Espagne, Allemagne ou Italie, l'histoire de France peut être comparée à une courbe qui offre, comme on dit en mathématiques, des points singuliers, points de redressement, de fléchissement, de rebroussement, maxima et minima, moments décisifs dit Jacques Bainville. Points de redressement, le baptême de Clovis, la bataille des Bouvines, le miracle Jeanne d'Arc, etc., points de rebroussement ou de régression, le traité de Troyes, Waterloo, etc… Et, d'ores et déjà, ne peut-on pas dire : point de redressement, la bataille de la Marne (Septembre 1914), point de fléchissement, la signature de l'Armistice (Novembre 1918).

Dès les premières lignes, Jacques Bainville, qui se plaît à ces vues dans le temps et l'espace, nous fait observer que s'il était possible qu'un seul être humain fut en possession d'une généalogie assez complète pour remonter jusqu'à deux mille ans, il s'apercevrait qu'en comptant trois générations par siècle, soixante ascendants le séparent du jour où Vercingétorix se rendit à Jules César. Soixante ascendants, s'il était possible qu'ils fussent réunis, dans le même temps, et dans le même lieu, ils ne formeraient pas l'effectif d'une compagnie d'infanterie. Mais, de père en fils, échelonnés dans le temps, ces soixante personne forment une longue série. A moins qu'ils n'appartiennent à une très vielle famille et illustre, il est bien rare qu'un homme de France connaisse par leurs noms, faits et gestes une douzaine de ses ancêtres. En 1760, le roi Louis XV avait décidé que tout aspirant courtisan, avant d'être « présenté », devrait, homme ou femme, avoir fait preuve d'une noblesse remontant à 1400.

Interrogez de nos jours un français moyen, la plupart du temps il aura bien connu son grand-père, il aura de vagues notions de son bisaïeul ; quant à son trisaïeul, il ne sait même plus dans quel cimetière, dans quelle tombe abandonnée, sous quelle pierre moussue il dort son éternel sommeil.

Il y a quelques années, nous dit Jacques Bainville, dans le théâtre antique d'Orange, une riche américaine demandait ce qu'il faudrait pour avoir un monument pareil aux Etats-unis. Quelqu'un lui répondit : « deux mille ans, Madame ». Il y a quelques années, comme j'étais à New York pour représenter dans cette ville tentaculaire l'Académie Française auprès de l'Académie Américaine qui fêtait le troisième centenaire de la naissance de Molière, une dame me disait un jour : « Nous autres, Américains, nous n'avons pas de passé. Ainsi, moi, je ne sais rien de ma famille, si ce n'est qu'un de mes ancêtres, un Français qui avait embrassé la religion protestante, s'est jeté à la mer dans un tonneau, en face du port de La Rochelle, au moment de la Révocation de l'Edit de Nantes ; il a été recueilli par un navire anglais qui l'a amené ici. » J'ai répondu à cette dame pour la consoler qu'elle s'alarmait à tort de ne pas étendre ses racines assez loin dans le passé, et que je connaissais bon nombre de français de vielle souche qui ne seraient pas capables de dire exactement ce que faisait leur ancêtre, protestant ou catholique, lors de la Révocation de l'Edit de Nantes.

Mais un écrivain comme Jacques Bainville qui connait dans l'ensemble et le détail l'histoire de son pays, qui a passé sa vie à l'étudier, qui peut en faire, à chaque tournant, l'analyse et la synthèse, qui a su débrouiller le fil conducteur à travers l'enchevêtrement des faits, des effets et des causes, et ce fil conducteur est pour lui le principe d'autorité et de continuité, qui a pesé exactement les termes des débats qui ont divisé les hommes des temps passés, parce qu'il a fait l'effort nécessaire pour se mettre dans leur état d'esprit, un tel historien, il a beau nous dire dès le début de son Histoire de trois Générations que, dans sa famille, on était pas riches en papiers de famille, c'est comme s'il possédait cette généalogie complète de soixante ascendants qui le rattachent, contemporain de Foch, à Vercingétorix. Et parce qu'il a écrit avec une clarté profonde, entendez qui laisse voir le fond, quelques livres fruits de ses lectures, de sa réflexion, de son expérience, de son observation, de sa raison et qui, selon l'expression de Charles Maurras, « contiennent le suc et la vertu d'in-folios », Jacques Bainville a rendu à ses contemporains l'immense service de leur apprendre leur histoire, et bien plus de leur donner le goût de l'Histoire.

Et comme le dit encore un de ses admirateurs : « Combien de Français auront par lui retrouvé la curiosité de leurs origines qui, sans lui, n'auraient fait dater leur France que de Louis XIV ou tout au plus Jeanne d'Arc »[1]. Et, pour la plupart, ne pourrait-on pas dire qu'ils la font dater du jour où ils sont nés, et tout au plus de la Révolution ?

Et les huit moments décisifs, ces huit chapitres qui contiennent en quelques pages le suc d'une grande partie de notre histoire, sont hélas! le dernier exemple de la manière si personnelle, du grand talent, du clair génie de Jacques Bainville.

Maurice Donnay,
de l'Académie Française.

---

1. François Le Grix, *Adieu à Jacques Bainville*, Revue Hebdomadaire.

I. — LA GAULE ROMAINE.

S'il était possible qu'un seul être humain fût en possession d'une généalogie assez complète pour remonter à deux mille ans, de quoi s'apercevrait-il ? D'une chose qui, à première vue, paraîtra non seulement étonnante mais presque incroyable, c'est qu'une soixantaine d'ascendants seulement le séparent du jour où Vercingétorix se rendit à Jules César.

On compte en effet une moyenne de trois générations par siècle. Il suffit de se représenter soixante personnes placées l'une à la suite de l'autre. Cela ne fait pas une longue file, et pourtant, on dépasse légèrement l'an I de notre ère, c'est-à-dire qu'on tombe à peu près au moment où la Gaule commença à devenir romaine.

Jusqu'à la chute de l'Empire romain, il s'écoule ensuite un demi-millénaire. Le quart de nos ancêtres a donc partagé la vie de Rome, ce qui équivaut, dans une existence humaine, au temps qu'il faut pour élever un enfant et pour le conduire jusqu'à l'achèvement de ses études classiques. De là, découle l'importance énorme de la romanisation des Gaules sans laquelle nous ne serions pas ce que nous sommes.

On est donc également amené à penser que la victoire de Jules César est, dans notre histoire, un fait qui a déterminé tout l'avenir, puisqu'il a déterminé ce qui est le plus essentiel à l'homme, nous voulons dire son langage.

Camille Jullian, le grand historien de la Gaule, pense que cette entrée dans la dépendance de Rome fut un malheur. À son avis, notre génie eût été beaucoup plus original si la nation gauloise avait pu recevoir directement de la Grèce son initiation à la civilisation méditerranéenne, comme cela faillit arriver par Phocée. Il n'en a pas été ainsi et, d'ailleurs, il eût fallu que les circonstances fussent différentes pour que cela, fût autrement.

Fortuit ou non, l'événement qui amena l'établissement des Romains dans les Gaules a, quand on y regarde de près, le caractère d'un événement nécessaire. Les Gaulois étaient braves. Ils avaient toutes sortes de qualités mais ils ne savaient ni s'organiser, ni s'unir. Eux-mêmes, autrefois, avaient été des migrateurs et des envahisseurs. Ils étaient menacés à leur tour par l'invasion des tribus germaniques et n'étaient pas capables de leur résister. Déjà les Cimbres et les Teutons étaient descendus jusqu'à Aix lorsque Marius, accouru avec ses légions, les avait exterminés. Jules César apparut pour rendre la même sorte de service. Il avait été accueilli comme un allié et un protecteur. Il est vrai qu'ensuite il ne s'en alla plus.

Mais il avait été appelé pour une intervention armée. Il fut retenu par certaines « cités » ou tribus gauloises qui étaient en rivalité avec d'autres. Les discordes civiles étaient le péché des Gaulois. Malgré Vercingétorix, héros de l'unité et de l'indépendance, elles livrèrent le pays aux Romains et elles secondèrent puissamment le génie militaire de Jules César.

Cent ans plus tard, l'assimilation était déjà faite, la fusion accomplie. Des Gaulois entraient dans le Sénat de Rome. On pouvait déjà parler des Gallo-Romains.

Un pareil résultat, si vite obtenu, supposait sans doute des affinités naturelles. Il supposait aussi un intérêt commun en face des Barbares. On était deux pour repousser leurs invasions. L'empereur Julien qui aimait tant Lutèce, qui en avait fait sa résidence, la désignant pour son rôle futur de capitale, les avait chassés au-delà du Rhin. Avant lui, l'empereur Probus avait refoulé et châtié les Germains entrés fort avant dans le pays. En l'an 451, ce fut encore un général romain Aétius qui aida à vaincre Attila, « fléau de Dieu ».

Une autre conséquence, non moins importante, de la rapide romanisation des Gaules fut que le christianisme y pénétra de très bonne heure. Ainsi, à tous les égards et sous toutes les formes, nous avons eu une avance considérable sur d'autres pays et nous avons été mis à la tête de la civilisation. Il y a quelques années, dans le célèbre théâtre antique d'Orange, une riche Américaine demandait ce qu'il faudrait pour avoir un monument pareil aux États-Unis. « Deux mille ans, madame, » lui répondit quelqu'un. C'était mieux qu'un mot d'esprit. C'était un mot historique qui s'applique à toutes nos origines et qui les explique.

Le jour où Rome ne fut plus capable de garantir la sécurité des Gaules, l'œuvre était partout accomplie. Les Gaulois étaient profondément latinisés. C'est pourquoi ils purent assimiler à leur tour les Francs, Burgondes ou Wisigoths qui vinrent s'établir chez eux. C'était le vaincu qui, par sa supériorité conquiert le vainqueur.

Rien de tel n'eût pu se produire si, par hasard, Vercingétorix avait pu battre Jules César. Nous avons conservé un culte légitime pour ce précurseur de l'indépendance nationale. Et pourtant nous savons bien que nous ne serions pas ce que nous sommes, si le grand capitaine romain ne l'avait pas emporté.

II. — LA CHANCE DES CAPÉTIENS.

La date de 987 est une des plus importantes de notre histoire, puisque c'est celle de la fondation de la monarchie capétienne et puisque quarante rois succédèrent à Hugues Capet. Cette date passerait néanmoins presque inaperçue, elle n'aurait qu'une valeur secondaire ou même épisodique sans le concours de circonstances qui devait permettre à la dynastie nouvelle de s'affermir et de durer.

Hugues, duc de France, avait été élu. L'origine de sa royauté était élective. L'assemblée de Senlis qui l'avait proclamé roi, malgré une assez forte opposition, s'était gardée de créer d'emblée la monarchie héréditaire. Les grands féodaux n'avaient aucune envie de se trouver un maître. Hugues Capet ne les inquiétait pas et il y avait nombre de souverains locaux plus puissants que lui.

Les descendants de Robert le Fort avaient mis un siècle à s'approcher du trône. Ils s'étaient conduits avec prudence, avec adresse, avec un sens remarquable de l'opportunité. Hugues lui-même, profitant de la décadence des Carolingiens et de la mauvaise situation de leur dernier représentant Charles de Lorraine qui était vassal du roi de Germanie, se comporta à l'assemblée de Senlis en politique habile, nous dirons même en parlementaire consommé. C'est tout juste s'il n'était pas un candidat républicain. Son allié Adalbéron fit valoir qu'il serait le meilleur défenseur « de la chose publique et des choses privées ».

Son élection ne fut pas reconnue par les grands feudataires dont quelques-uns le méprisaient à cause de sa faiblesse. Le comte de Périgord ne craignit pas de lui prendre sa ville de Tours. Il est resté célèbre que Hugues lui ayant demandé : « Qui t'a fait comte ? » l'autre répondit avec insolence : « Qui t'a fait roi ? »

En s'effaçant, en se faisant modestes, en donnant à leur souveraineté un caractère plus sacerdotal que royal, les premiers Capétiens se firent d'abord endurer. Le plus difficile était d'effacer ce qu'ils devaient à l'élection. Régulièrement, le pouvoir de l'élu de Senlis aurait dû être viager, s'éteindre avec lui et une nouvelle assemblée élire son successeur.

Il n'était pas exclu que ce successeur fût un propre fils mais ce n'était pas certain. Par précaution, Hugues associa son fils Robert au trône. Il le fit élire de son vivant. Cette pratique fut continuée. L'élection ne fut plus qu'une formalité et, peu à peu, on s'habitua à voir les nouveaux rois se succéder par ordre de primogéniture. La monarchie héréditaire s'installa en quelque sorte par subterfuge, par tradition, sans déclaration de principe et sans bruit.

Mais cela même, quelle que fût la dextérité, quel que fût le sens politique de ces princes n'aurait pu réussir sans une circonstance capitale. La dynastie capétienne eut à ses débuts, lorsqu'elle était encore faible et discutée, ce bonheur rare qu'il ne survint pas chez elle de morts imprévues ou prématurées. Chacun de ses représentants eut le bon esprit de mourir dans un âge suffisant pour que son héritier fût un héritier direct, non pas un latéral, et un homme fait, non pas un enfant. Chacun mourut même assez tôt pour éviter les dangers d'un règne trop prolongé et stérile. S'il en eût été autrement, la succession héréditaire eût été remise en question.

Il y avait déjà deux cent quarante ans que les Capétiens étaient sur le trône lorsque Louis VIII mourut, encore jeune, et laissant un fils qui avait seulement onze ans. On courait pour la première fois les risques d'une minorité et d'une régence. Elles furent terriblement orageuses. Blanche de Castille surmonta les difficultés et les calomnies qui l'atteignaient jusque dans son honneur de femme. Elle prépara le règne éclatant qui fut celui de saint Louis. Mais plus de deux siècles de possession avaient solidement assis la maison capétienne. Et le grand-père du petit prince mineur, Philippe Auguste, a sauvé la France de l'invasion à la bataille de Bouvines. La dynastie est devenue tout à fait nationale. Les Français commencent à ne faire qu'un avec elle.

Pendant une centaine d'années encore, ce qui fait en tout trois cent quarante ans, les premiers Capétiens régnèrent de père en fils. Leur première branche ne s'éteignit qu'avec les trois fils de Philippe le Bel, Louis X dit Hutin, Philippe le Long et Charles le Bel qui ne laissaient que des filles. Il est curieux de remarquer que les Valois ont fini par trois frères, également rois, François II, Charles IX et Henri III, de même que les Bourbons avec Louis XVI, Louis XVIII et Charles X.

Qui succéderait à Charles le Bel ? La « loi salique » interdisait aux femmes de régner en France. Plus exactement, cette prétendue loi était l'expression de la répugnance qu'ont toujours eue les Français à remettre la politique aux mains des femmes. La couronne devant être transmise de mâle en mâle, c'était donc au plus proche parent de Charles le Bel, Philippe de Valois, que revenait la royauté.

On eut alors la preuve que, si un cas pareil s'était présenté deux ou trois cents ans plus tôt, la dynastie capétienne eût couru grand risque d'être écrasée dans l'œuf. En effet un compétiteur surgit. Et quel compétiteur ! Édouard III, roi d'Angleterre, petit-fils de Philippe le Bel par sa mère Isabeau.

Il fallut une assemblée, semblable à celle qui avait élu jadis Hugues Capet, pour établir les droits de Philippe VI. Les Anglais et les mauvais Français ne l'en traitèrent pas moins d'usurpateur. De cette contestation devait naître la Guerre de Cent Ans.

III. — L'OUVRAGE DE JEANNE D'ARC.

Rien ni personne n'excusera jamais les Anglais d'avoir brûlé Jeanne d'Arc. Mais on comprend leur rage. Jamais on ne perdit partie plus près d'être gagnée. Et quelle partie, celle qui avait le plus beau royaume du monde pour enjeu !

Jamais la France n'est tombée plus bas que le 20 mai 1420. Le traité de Troyes est le plus honteux de notre histoire. La pire honte est que tous les corps constitués, le Parlement, l'Université, les États Généraux l'avaient accepté et contresigné. Les Français livraient leur pays.

Ce traité était combiné admirablement pour faire passer la couronne de la dynastie française à la dynastie anglaise. Charles VI, le roi régnant, était fou. Non seulement on lui avait arraché son consentement, mais on avait obtenu de lui qu'il déclarât que le dernier fils qui lui restait était un bâtard. Le dauphin n'était plus que le « soi-disant dauphin », Henri V, le roi d'Angleterre, avait, de plus, épousé une fille de Charles VI. Il était entendu qu'à la mort de ce dernier, Henri V lui succéderait.

Il arriva que, jeune et plein de forces, Henri V mourut en 1422, deux mois avant Charles VI, ne laissant qu'un fils de neuf mois. Cet événement devait permettre de tout sauver. En effet, l'enfant incapable de prononcer le serment, ne pouvait recevoir le sacre de Reims. Sans le sacre, pas de roi. La place restait libre pour Charles VII.

Celui-ci, toujours dauphin, n'en était pas dans une situation meilleure. Il ne pouvait aller à Reims, qu'occupaient les Bourguignons alliés des Anglais. Il n'avait pas d'argent, à peine de troupes. Il doutait de tout, de sa cause, de sa naissance, de sa légitimité. Les Anglais étaient maîtres de Paris. Il n'était plus que le « roi de Bourges ». Un moment il songea à se réfugier dans le Dauphiné. Il erra pendant sept ans.

Cependant, le régent anglais, Bedford, avait entrepris de soumettre méthodiquement la France. Il assiégeait Orléans qui résistait encore. Si Orléans tombait, on sentait que tout était fini et que la cause nationale succombait.

C'est à ce moment que Jeanne d'Arc parut. Tout ce qui se sentait français faisait des vœux pour la délivrance d'Orléans. Jeanne d'Arc incarna le sentiment patriotique. Elle fit mieux.

Sa « mission » consista d'abord à rendre à Charles VII confiance en lui-même. Ensuite elle le convainquit, ainsi que les militaires qui lui étaient restés fidèles et qui étaient fort découragés, qu'il importait d'abord de délivrer Orléans. Ce qui fut fait, l'élan ayant été rendu au parti français par l'héroïne miraculeuse.

Alors son idée, d'une justesse merveilleuse, fut que ce succès devait être employé sans retard à marcher sur Reims pour y sacrer le dauphin. Le 8 mai 1429, les Anglais avaient levé le siège d'Orléans. Puis ils furent bousculés à Patay. La route était libre. Privées de secours, les garnisons bourguignonnes ouvrirent les portes de Reims. Le dauphin, qui ne fut plus le « soi-disant dauphin » mais Charles VII, reçut le sacre.

Dès lors, le traité de Troyes devenait nul. Il n'y avait plus qu'un roi de France, le seul légitime, le vrai.

Aussi conçoit-on la rage des Anglais et du parti bourguignon. Tout était à recommencer. Comme les Anglais sont tenaces, ils essayèrent de reprendre l'affaire par un autre bout. C'est à cette lumière qu'on doit lire le procès de Jeanne d'Arc.

Lorsque l'héroïne fut tombée entre leurs mains, ils cherchèrent moins à se venger qu'à la disqualifier. Si elle n'était qu'une sorcière, un suppôt du diable tout ce qu'elle avait fait était également l'œuvre du démon. La condamnation de Jeanne d'Arc devait être celle de Charles VII.

Aussi le procès de Rouen fut-il conduit avec le plus grand soin. On y amena les théologiens les plus illustres, des inquisiteurs réputés.

Jeanne d'Arc fut brûlée, mais le crime fut inutile et le sacrifice ne le fut pas. Le parti français en reçut un nouvel élan. Le martyre fut fécond. Il eut un retentissement et causa une horreur immense. Selon le vœu de la « bonne Lorraine », l'union nationale se refit. Paris même se lassait de la domination anglaise et de voir les « godons » installés à la Bastille et au Louvre. Le duc de Bourgogne fut assez fin pour sentir qu'il avait intérêt à revenir vers le parti français. Il se réconcilia avec Charles VII. Un an plus tard les Parisiens ouvraient leurs portes aux gens du roi et aidaient Richemond à expulser la garnison anglaise.

Cependant, les juges de Rouen avaient si bien monté leur procès qu'il fallut réhabiliter Jeanne d'Arc pour qu'il ne restât aucune ombre sur le sacre de Charles VII. Le procès de réhabilitation eut lieu en 1456. Beaucoup des juges de Rouen vivaient encore. Ils se rétractèrent sans dignité. Leur palinodie fut peut-être encore plus laide que les assises présidées par Cauchon. À chaque fois, on vit l'espèce humaine sous un bien triste aspect.

IV. — LE DÉVOUEMENT DE HENRI III.

Au seizième siècle, la France fut encore sur le point de se dissoudre. On put croire qu'elle avait cessé d'être française. Qui la sauva ? Le plus décrié peut-être de ses rois.

« Il y a deux grands camps par la France, » disait Pasquier. Celui des protestants conspirait avec l'Angleterre, celui des catholiques avec l'Espagne. De parti français, on n'en voyait pas. Tout fut préservé par un sacrifice, celui de Henri III qui mourut en martyr de l'ordre de succession monarchique.

Henri III, le dernier des Valois, n'avait pas de fils. Après la mort de son plus jeune frère, la couronne devait revenir à Henri de Navarre qui était protestant et même plus, renégat, s'étant converti à la religion catholique pour retourner à la religion réformée. « Jamais de roi huguenot ! » fut le cri et le signal de ralliement de la Sainte Ligue dont les Guise étaient l'âme.

Henri III tint bon sur le principe héréditaire et sur la succession par ordre de primogéniture. On l'a représenté comme un prince efféminé, affecté de vices honteux. C'est l'écho des calomnies qui furent lancées de son temps. Les auteurs de libelles le diffamaient à l'envi. Les prédicateurs n'étaient pas en reste sur eux. À Paris, le curé Rose se distinguait par les horreurs qu'il disait en chaire sur le compte du roi. Comme les protestants ne l'avaient pas ménagé davantage, il n'est pas étonnant que sa mémoire nous soit arrivée aussi salie.

Henri III ne faisait pourtant que continuer le système de Charles IX. Celui-ci n'avait pas craint de faire épouser sa sœur Marguerite par Henri de Navarre. Ce fut le premier « mariage mixte », sans dispense du pape. Il fit scandale chez les catholiques. On racontait même qu'à Notre-Dame Charles IX avait appuyé sur la tête de Marguerite pour l'obliger à dire oui.

Ce mariage démontrait que Henri de Navarre appartenait bien à la famille royale. Mais de là sortit la Saint-Barthélémy, Charles IX ayant eu peur de s'être trop livré au parti protestant.

À son tour Henri III essaya de ménager les deux camps et, ne réussissant jamais à en contenter un seul, tenta de dissoudre toutes les ligues. Le jour où il voulut faire arrêter les prédicateurs qui l'insultaient dans les églises de Paris, ce fut une insurrection. Les barricades se dressèrent devant les troupes du roi. Celui-ci se vit obligé de s'enfuir de Paris et de se réfugier à Blois.

Là, il était à peine plus en sûreté. Les États Généraux le bafouaient et lui refusaient des subsides. Le duc de Guise le menaçait jusque dans son cabinet et parlait en maître. Henri III se résolut à le faire assassiner pour briser la puissance des princes lorrains.

Ce crime politique eut pour effet de rendre la « Sainte Union » irréconciliable. Il eut aussi pour résultat d'unir plus étroitement la cause des Valois et des Bourbons.

La Ligue régnait à Paris par la démagogie, par la terreur, par des procédés qui ressemblaient à ceux de la Commune de 1793 et de 1871. Les deux cousins mirent le siège devant la ville. Le roi était à Saint-Cloud lorsqu'il fut assassiné par le moine Jacques Clément. Henri III mourut en affirmant encore que son seul successeur légitime était Henri de Navarre.

La Ligue avait proclamé roi, sous le nom de Charles X, un autre Bourbon qui était cardinal et qui mourut sur ces entrefaites. Plusieurs candidats au trône se présentèrent. Le roi d'Espagne le réclama pour sa fille Isabelle qui descendait de Henri II. Il appuyait cette prétention par la présence à Paris de régiments espagnols. La France était menacée par le règne de l'étranger, ce qui commença à produire une réaction en faveur de Henri IV.

Celui-ci savait bien que sa religion était l'obstacle. Pour préserver son autorité et son prestige, il ne voulait pas se convertir avant l'heure. Il attendit d'avoir remporté sur la Ligue les victoires d'Arques et d'Ivry, tandis que le « tiers parti », celui qui n'était ni catholique régicide ni huguenot fanatique, fatigué de ces discordes et de ces excès, se ralliait chaque jour plus nombreux au prince qui représentait la légitimité. Lorsque, jugeant le moment venu, Henri IV annonça qu'il était prêt à se convertir, tout devint facile. Henri IV put abjurer le protestantisme sans rien perdre de sa dignité et son règne réparateur commença.

Il n'en est pas moins vrai que la France avait failli se dissoudre et tomber aux mains de l'étranger. Henri III avait tout sauvé en exposant sa vie pour le respect du principe héréditaire, fondement de la monarchie et de l'indépendance nationale.

Qui lui en a été reconnaissant ? Personne. Il n'est pas étonnant qu'on ne trouve rien en sa faveur chez les historiens de notre temps, puisqu'on chercherait en vain l'éloge de son sacrifice royal, non seulement dans les livres d'autrefois, mais même dans la bouche des rois qui lui devaient le trône et qui craignaient peut-être de raviver les haines de la Ligue dont Ravaillac, l'autre régicide, avait encore été l'instrument.

V. — LA VÉRITÉ SUR LE SIÈCLE DE LOUIS XIV.

Confondre le dix-septième siècle avec le « siècle de Louis XIV » est une grosse erreur qui en entraîne d'autres.

Le « siècle de Louis XIV » ne commence qu'en 1660. Par quoi a-t-il été précédé ? Par la Fronde, c'est-à-dire par une révolution qui nous paraît anodine à distance pour la raison qu'elle fut manquée, mais qui frappa fortement les contemporains.

Le règne du grand roi fut essentiellement une réaction. Lui-même était resté sous l'impression des scènes révolutionnaires auxquelles il avait assisté dans son enfance lorsque sa mère avait dû fuir avec lui Paris insurgé. Louis XIV se soucia de ne plus jamais s'exposer à se trouver enfermé dans la capitale. Aussi prit-il la résolution de fixer sa résidence à Versailles.

Il ne fut pas fâché de laisser croire que c'était pour avoir un palais digne de lui, de sa grandeur et de sa gloire. Le fond de sa pensée était tout différent. Il se disait que, dans le cas d'une nouvelle rébellion des Parisiens, au lieu d'être pris dans la souricière du Louvre, il lui serait facile de se retirer dans une province sûre. Cent ans plus tard, cette idée était tout à fait oubliée ! Aux journées d'Octobre 1789, le placide Louis XVI se laissa ramener dans Paris où il fut désormais prisonnier de l'émeute.

Naturellement majestueux, doué d'emprise sur lui-même, de bon sens et de sang-froid, de volonté et de prudence, Louis XIV ne disait que ce qu'il voulait bien dire. Nous le voyons imperturbable dans son autorité. Il ne perdait pas de vue les événements de sa minorité qui avaient mis la monarchie à deux doigts de la ruine, sans compter que la Fronde avait été comme une réplique de la révolution d'Angleterre. L'exécution de Charles Ier avait fort ému la cour de France. On avait senti passer un courant républicain. De là, le mot de Louis XIV, étrange au premier abord : « Je montrerai à l'Europe qu'il y a encore un roi. »

Son gouvernement personnel fut accepté et même adulé parce qu'on avait eu peur. Les excès des Frondeurs, qui n'étaient pas seulement les galants de grandes dames et de princesses, avaient produit le même effet que les journées de juin 1848, prélude de la dictature de Napoléon III. On était las du désordre et Louis XIV représentait l'ordre.

Il est encore une chose que nous imaginons à peine parce qu'il est toujours difficile de nous mettre dans l'esprit des gens d'autrefois. Mais, dans la seconde partie du dix-septième siècle, les guerres de religion du seizième n'étaient pas oubliées. Les deux factions, celle de la Ligue et celle des Huguenots, étaient encore redoutées. La révocation de l'Édit de Nantes apparaît comme un acte de fanatisme religieux, d'ailleurs imposé par la masse de l'opinion publique. On ne vit pas assez que la coalition dont Guillaume d'Orange était l'âme se tournait alors contre la France, où l'on se souvenait que les protestants avaient eu trop souvent des intelligences avec l'ennemi.

On vit moins encore que la Révocation a été précédée de trois ans par la déclaration des droits de l'Église gallicane, qui était tout simplement une interdiction au Saint-Siège d'intervenir dans les affaires de France. Bossuet rendait bien la pensée du temps et celle de Louis XIV lorsqu'il établissait les limites de l'autorité romaine et lorsqu'il soutenait en même temps des controverses avec les chefs du protestantisme.

Quand Louis XIV mourut, on était fatigué de son règne qui avait été trop long. On était fatigué de la discipline qu'il avait rétablie jusque dans la littérature. Les « libertins » du milieu du dix-septième siècle, qu'il avait réduits au silence, se retrouvèrent avec les émancipations du dix-huitième. De plus, la mort avait si malheureusement frappé la famille royale qu'à un bisaïeul de soixante-quinze ans succédait un enfant de cinq ans. L'ordre de la nature était dérangé et, de surcroît, en l'espace d'un siècle c'était la troisième minorité. Or les minorités ne valent rien pour les monarchies.

Louis XIV, en mourant, n'était donc pas sans soucis pour l'avenir. Cette inquiétude lui inspira une idée étrange et qu'on n'eût pas attendue d'un roi de France. Il stipula dans son testament que les enfants qu'il avait eus de Mme de Montespan seraient légitimés. Ouvrir à des bâtards la succession au trône, c'était un vrai scandale dans la Maison de France. Philippe d'Orléans, le régent, fit casser le testament par le Parlement, gardien des lois fondamentales du royaume.

Il en resta une diminution de prestige pour la mémoire de Louis XIV, ce qui était d'autant plus grave que la disparition du vieux roi avait été accueillie avec soulagement par la génération nouvelle. Ensuite, le régent ayant eu besoin du Parlement, celui-ci commença à reprendre l'autorité qui lui avait été enlevée depuis qu'il s'était compromis dans la Fronde. Il retrouva son esprit d'opposition, et il devait bientôt causer les plus graves embarras à la monarchie.

Ainsi la minorité de Louis XV et la Régence peuvent être regardées à bon droit comme l'annonce de la Révolution. Louis XV fit tout ce qu'il put pour en retarder l'échéance, notamment lorsque, peu d'années avant sa mort, il brisa la puissance usurpée par les Parlements. Son mot célèbre : « Après moi, le déluge », est le type du mot mal compris. Louis XV ne voulait pas dire qu'il se désintéressait de ce qui arriverait après lui, mais qu'il était sûr qu'après lui ce serait la catastrophe.

VI. — LOUIS XVI AUTEUR DE LA RÉVOLUTION.

Louis XIV avait de l'intelligence et du caractère. Louis XV avait de l'intelligence et manquait de caractère. Louis XVI, avec toutes les vertus, avait une intelligence médiocre et il était indolent. On ne peut pas s'étonner que, malgré les meilleures intentions du monde, il ait perdu la monarchie.

Un hasard malheureux fit encore qu'il avait perdu son père, si bien qu'à Louis XV déjà vieilli succéda un jeune homme de vingt ans, très confit en dévotion, à qui l'on avait surtout appris que le grand-père menait une vie scandaleuse.

On imagine bien que les filles du défunt roi avaient Mme du Barry en horreur. Elles avaient endoctriné leur neveu qui ne se contenta pas d'exiler la favorite, mais qui se mit à défaire systématiquement tout ce que son prédécesseur avait fait.

Un de ses premiers actes fut de rappeler ces Parlements orgueilleux qui tenaient tête à la couronne. Comprit-il très bien ce qu'il faisait ? C'est douteux. Il obéit surtout aux influences qui s'exercèrent sur lui. Mais, dès ses débuts, il s'enfonçait dans une contradiction insoluble et destinée à devenir mortelle. En effet il appelait au ministère un réformateur qui s'appelait Turgot, et les Parlements, défenseurs des droits acquis, s'opposaient à toutes les réformes. Pour réformer le royaume et supprimer les abus, il eût fallu que le roi agît par voie d'autorité. Il avait, d'emblée, entamé la sienne en rétablissant celle de ces magistrats qui s'étaient arrogé le pouvoir de repousser les lois qui étaient contraires à leurs idées ou à leurs intérêts, bien que la puissance législative fût censée appartenir au souverain.

Combattu et paralysé par les Parlements, ne pouvant faire aboutir ses projets, Turgot dut se retirer. Entre son ministre et les magistrats, le malheureux Louis XVI avait dû choisir et ne pouvant plus revenir sur le mal qu'il s'était fait, ce fut le ministre qu'il sacrifia. Par une contradiction non moins absurde, le public lui en fit le reproche, tandis qu'il applaudissait ces parlementaires privilégiés et défenseurs des privilèges qui parlaient un langage insolent et factieux et se présentaient comme les défenseurs de la liberté.

Dès lors, Louis XVI s'épuisa dans la vaine recherche d'une amélioration impossible. Il y perdit peu à peu sa popularité. À la fin, impuissant devant les parlementaires unis à la noblesse et au clergé, il se résolut à sauter le grand pas et à convoquer les États Généraux, espérant trouver dans le Tiers État l'appui qui lui était refusé ailleurs.

C'est pourquoi il voulut que la représentation du Tiers État fût doublée. Mais le troisième ordre, ayant autant de députés que les deux premiers, demanda, et devait demander à voter par tête. De plus, le roi, pour faire entendre la voix de la bourgeoisie, avait invité tous ceux qui avaient des idées à les exposer librement. Ce fut une pluie d'écrits de toutes sortes parmi lesquels figura la célèbre brochure de Siéyès : « Qu'est-ce que le Tiers État ? Rien. Que doit-il être ? Tout. »

Louis XVI avait semé le vent. Il récolta la tempête et de plus, faisant ce qu'il avait déjà fait avec Turgot et avec le Parlement, au lieu de suivre la voie qu'il avait lui-même tracée, il vint se mettre en travers. Lorsque les députés du Tiers, forts de leur nombre et de l'autorité qu'il leur avait donnée, voulurent transformer les États Généraux en assemblée, il prétendit de son côté maintenir la distinction des trois ordres, conformément aux traditions, aux usages et à l'ancienne constitution du royaume.

C'est ainsi que, de ses propres mains, Louis XVI fit la Révolution. Pouvait-elle être évitée ? Nous répondrons : « Oui, certainement. »

La France avait besoin de réformes. Il fallait y procéder d'autorité en brisant les coalitions d'intérêts qui s'y opposaient. C'est ce que les rois de France avaient toujours fait, ce qu'avaient fait encore Richelieu puis Louis XIV. Sans cela, la monarchie n'eût pas duré aussi longtemps. Pour être un roi réformateur, il fallait être un roi autoritaire.

N'était-ce pas ce que la France attendait ? Le dix-huitième siècle, dans la personne du plus illustre de ses interprètes, c'est-à-dire de Voltaire, avait exalté des souverains qui étaient de purs despotes, comme Frédéric II et Catherine, mais qui imposaient le progrès par le despotisme. Au fond, les Français, en 1789, n'aspiraient pas à la liberté mais à l'égalité, qui en est d'ailleurs exactement le contraire.

C'est si vrai que, dix ans plus tard, dix ans seulement, la dictature de Bonaparte était acclamée. Il était vraiment inutile, pour en venir là, de mettre la France sens dessus dessous et de faire couler des torrents de sang. Avec des intentions excellentes, l'infortuné Louis XVI avait fait un mal immense. Il l'a expié si durement qu'on ne peut avoir la dureté de lui en vouloir. Mais il serait faux de voir en lui une victime de la fatalité.

Supposons un roi qui eût continué la politique commencée par Louis XV dans les derniers jours de son règne. On fût arrivé, sans bouleverser le pays et sans tout détruire, à un état de choses fort semblable à celui que créa le Premier Consul, lequel, du reste, rétablit et restaura une partie de ce qui avait été détruit dans l'anarchie révolutionnaire.

Finalement, Louis XVIII, qui était fort intelligent, prit la France telle que Napoléon l'avait laissée. Pour en venir là, il était bien inutile d'avoir fait couper la tête d'un roi, d'une reine et d'une quantité de braves gens sans compter tous ceux que vingt ans de guerre avaient tués.

VII. — LA RÉVOLUTION ET LA BELGIQUE

Pourquoi et comment la Révolution a-t-elle introduit la France dans une série de guerres ou, plutôt, dans une seule et même guerre qui, malgré quelques pauses, a duré vingt-trois ans ?

On a dû abandonner l'explication d'après laquelle les rois s'étaient coalisés pour venger la mort de Louis XVI. Il est vrai que la déclaration de guerre du gouvernement anglais suivit de peu le 21 janvier et eut pour prétexte le régicide. Elle suivait de non moins près l'invasion de la Belgique qui en fut la véritable raison.

Que la Révolution, humanitaire dans son principe soit devenue très vite belliqueuse, ce n'est pas ce qui peut étonner. Le phénomène est naturel, de même que le passage de la fraternité à la guerre civile est constant. Il ne suffit pas à rendre compte de la cause pour laquelle jusqu'à la péripétie de Waterloo, la guerre européenne ne cessa de se rallumer.

On oublie les « révolutions de Brabant » avaient coïncidé avec l'ouverture de la Révolution française. Une partie des Pays-Bas autrichiens s'était soulevée contre ses maîtres, alors officiellement alliés du gouvernement français. Qui, en France, prit fait et cause pour les insurgés brabançons ? Des libéraux certes, mais qui étaient aussi des adversaires de l'alliance autrichienne et des « patriotes ».

Nous nous représentons toujours d'une manière imparfaite ou bien nous ne pesons pas exactement les termes des débats qui ont divisé les hommes des temps passés. Il nous faut un très grand effort pour nous mettre dans leur état d'esprit. Les problèmes de la politique française ont toujours été à peu près les mêmes. Rien de plus divers ni de plus changeant que l'attitude, à l'égard de ces problèmes, de ce qui correspond aux partis d'aujourd'hui.

Au dix-huitième siècle, pour toute une partie de l'opinion publique, la monarchie n'a pas été assez « nationaliste », mot nouveau, alors inconnu, mais qui exprime une chose ancienne. En 1740, un parti de la guerre avait imposé à Louis XV d'entrer en lutte contre l'Autriche. La victoire de Fontenoy nous avait ouvert la Belgique. Louis XV avait fait son entrée à Anvers. La prise de

Berg-Op-Zoom avait brisé la résistance des Hollandais. Il semblait qu'il n'y eût plus qu'à annexer la Belgique. Louis XV y renonça au traité d'Aix-la-Chapelle et l'indignation fut grande en France. On disait alors : « Bête comme la paix. » Cependant Louis XV savait ce qu'il faisait. L'annexion de la Belgique eût été la guerre perpétuelle.

Dans l'Assemblée Constituante, et plus encore dans la Législative, on retrouve l'esprit de 1740. La résistance qu'opposa Louis XVI au parti anti-autrichien et belliqueux, en le faisant taxer de trahison, contribua plus que tout à le perdre.

Les armées de la Révolution, réorganisées après les premiers revers, avaient renouvelé Fontenoy. La Hollande à son tour avait été mise à la raison par un exploit extraordinaire, la flotte hollandaise immobilisée par les glaces, faite prisonnière par la cavalerie de Pichegru.

Tout recommençait exactement non seulement comme sous Louis XV, mais comme sous Louis XIV, comme tout se continuera sous Napoléon.

Le moment le plus critique de la lutte que la Révolution française avait soutenue contre la coalition était passé. Les armées de la République occupaient le territoire belge. Les hommes de la Révolution étaient décidés à ne pas refaire une paix d'Aix-la-Chapelle. Malgré les avertissements de quelques hommes plus clairvoyants que les autres, la réunion de la Belgique à la France fut proclamée le 1er octobre 1795.

C'est la date décisive de la Révolution parce que la Révolution, ce jour-là, se condamnait à une guerre perpétuelle. Elle ne pouvait plus renoncer à la Belgique. L'Angleterre ne devait jamais reconnaître cette annexion.

Qui sait encore que, pendant vingt ans, le pays belge a appartenu à la communauté française, que ses habitants étaient regardés comme aussi Français que les Tourangeaux, qu'on faisait le serment de ne jamais les abandonner ? Pour tenir ce serment, la Révolution ne devait même pas hésiter à abdiquer entre les mains d'un général, chargé de donner à la France la victoire, la paix et la possession incontestée des territoires conquis par la République.

Pour tenir ce serment, Napoléon s'épuisa à subjuguer l'Europe pour faire capituler l'Angleterre. L'Angleterre ne cédait pas. Elle céda moins encore à partir de Trafalgar, c'est-à-dire à partir du moment où la maîtrise de la mer lui fut assurée. Quant à Napoléon, au faîte de sa gloire et de sa puissance, il pouvait tout, hormis renoncer aux frères belges qui avaient déjà supporté sans enthousiasme la domination de la République et qui ne supportaient pas mieux la sienne.

Comment cette histoire a-t-elle fini ? Par Waterloo. La guerre que la République avait commencée en Belgique et pour la Belgique s'est terminée en Belgique.

Napoléon avait été accueilli en triomphe à son

retour de l'île d'Elbe, parce que l'on croyait qu'il allait rendre leurs frères belges aux Français. L'impopularité des Bourbons restaurés vint de leur renonciation à la Belgique. Et quand à son tour Louis-Philippe, pour éviter la guerre avec les Anglais, eut interdit au duc de Nemours d'accepter la couronne que lui offraient les Belges délivrés de la domination hollandaise, le roi-citoyen prépara sa chute plus sûrement encore qu'en refusant le droit de vote aux « capacités ».

VIII. — LA SCISSION DE 1830.

On n'attache pas, généralement, une grande importance politique au renversement de Charles X. Pourtant rien n'a été plus déterminant pour la suite des événements au dix-neuvième siècle, que le remplacement de la branche aînée des Bourbons par la branche cadette et que la division qui en résulta dans la famille royale.

Louis-Philippe mérite-t-il le nom d'usurpateur ? S'il avait, comme on y pensa un moment, pris le titre de lieutenant général du royaume, en réservant les droits du jeune duc de Bordeaux, plus tard comte de Chambord, légitime héritier du trône après l'abdication de Charles X, des conséquences capitales eussent été évitées. En effet, à partir de ce moment-là, légitimistes et orléanistes devinrent, pour de longues années, d'irréconciliables ennemis.

Les fondateurs de la monarchie de Juillet avaient eu l'illusion de donner à la France un régime définitif. Ils croyaient que cette substitution serait aussi solide et aussi durable que celle de 1688 en Angleterre, qui leur avait servi de modèle. Cependant, Louis-Philippe était un objet d'horreur pour les royalistes purs dont l'appui lui manqua toujours, tandis qu'il était combattu par les républicains et par les bonapartistes (qui alors se distinguaient à peine) autant que l'avait été Charles X.

Cette monarchie était fragile. Elle n'avait pour elle que la bourgeoisie qui l'avait faite en stipulant que le roi règnerait et ne gouvernerait pas. La royauté bourgeoise fut mal défendue par les bourgeois. La branche cadette fut renversée en février 1848 aussi facilement que la branche aînée en juillet 1830. Les légitimistes se réjouirent même de la chute de Louis-Philippe. Ils y virent une vengeance du ciel.

La République vainement demandée par les insurgés de juillet fut accordée aux insurgés de février. Du reste, sur le moment, aucune autre solution ne s'offrait.

Seulement, l'expérience de cette République fut très mauvaise. Au bout de quatre mois, c'était la guerre civile. Les sanglantes journées de juin produisirent une impression profonde. On eut peur de la révolution, de la terreur, du socialisme, de l'anarchie. La masse des Français paisibles ne savait plus à qui se vouer. Lorsque le prince Louis Napoléon Bonaparte, neveu de l'Empereur, et pourtant assez peu connu se présenta à la présidence, on vota pour lui en masse parce que son nom signifiait l'ordre.

La France n'était pourtant pas bonapartiste. Au fond, elle regrettait la monarchie. L'assemblée ne tarda pas à avoir une majorité monarchiste et il ne dépendait que de cette majorité de relever le trône.

Oui, mais quel trône ? Cette majorité comprenait des légitimistes et des orléanistes. Les premiers ne voulaient à aucun prix d'un Orléans. Les autres avaient en horreur la branche aînée. Les princes d'Orléans craignaient de s'aliéner leurs partisans s'ils se rapprochaient de l'héritier de Charles X, lequel, de son côté, considérait qu'il lui était impossible de se réconcilier avec l'usurpateur de ses héritiers.

Ne pouvant faire la monarchie, cette assemblée ne fit rien. Son impuissance éclatait à tous les yeux. Elle était entrée dans un conflit stérile avec le prince-président. Celui-ci eut beau jeu à préparer et à exécuter son coup d'État, à faire arrêter les députés et à rétablir l'Empire.

Il n'est donc pas exact de dire que Napoléon III a détruit la République. Plus véritablement, il a étouffé dans l'œuf une restauration monarchique qui était dans la logique des choses et qui, par les divisions des monarchistes, n'en finissait pas d'aboutir.

On peut donc dire que la scission de 1830 a entraîné le Second Empire avec les erreurs et les malheurs imputables au Second Empire, jusqu'à l'invasion prussienne et au désastre de Sedan.

Cependant, le deuxième régime napoléonien s'étant effondré comme le premier, la France, en 1871, avait encore élu une Assemblée en majorité monarchiste. Pour la même raison qu'après 1848, cette majorité divisée en légitimiste et en orléanistes, ne parvint pas à refaire la monarchie. On put réconcilier le comte de Chambord avec ses cousins et, enfin, accomplir « la fusion ». La divergence des principes et des doctrines l'annula. Au fond, le comte de Chambord, en maintenant son drapeau blanc, refusa de rentrer et de régner aux conditions que prétendaient lui imposer les orléanistes.

La monarchie n'était plus possible avant que le comte de Chambord mourût. Comme il n'avait pas d'enfant, son cousin, le petit-fils de Louis-Philippe, devenait son héritier légitime. Mais, à sa mort, dix ans avaient passé. Malgré les précautions qu'avaient prises les monarchistes de l'Assemblée nationale pour ménager l'avenir tout en votant la constitution républicaine de 1875, la République était installée, elle s'était acclimatée. Il était trop tard.

C'est ainsi que la scission de 1830 doit être regardée comme le fait politique capital du dix-neuvième siècle dont elle a dicté le cours.

JACQUES BAINVILLE,
de l'Académie française.

COMMENT S'EST FAITE LA RESTAURATION DE 1814

1914
in Revue d'Action française

I
OÙ SCIENCE ET BON SENS FONT JUSTICE D'UNE LÉGENDE

Le centenaire de 1814 et de la première Restauration n'a pas manqué de donner prétexte à reparler des «fourgons de l'étranger», du pacte de Chaumont, des Alliés qui avaient envahi la France pour lui imposer les Bourbons, de la complicité de Louis XVIII avec les ennemis du peuple français, etc. Les «jeunesses républicaines» qui, comme on le sait, se composent de quelques vieux messieurs, ont imprimé ces antiques légendes sur les murs de Paris. Et le *Temps*, organe du plus vieux Parti Républicain, leur a fait un jour, un seul jour, écho: mais timidement, en cinquième page. A cela s'est bornée, ou peu s'en faut, l'entreprise. Et cette timidité même, qui nous réjouit, qui est un hommage à la vérité, comporte une leçon.

Cette leçon, c'est que, quelles que soient l'ignorance et la routine dans lesquelles végète une polémique surannée, l'enseignement primaire ne peut pas résister longtemps à l'enseignement supérieur. L'école historique contemporaine, dont Albert Sorel a été le maître, ayant mis au point bien des légendes de la période révolutionnaire et napoléonienne, il a fallu que, dans une certaine mesure, et bon gré mal gré, les programmes des écoles normales d'instituteurs et les journaux de sous-préfecture se missent au pas du Collège de France et de l'Académie.

Car, entre les mécomptes que le principe républicain a éprouvés depuis quelques années, un des plus cruels est à coup sûr les déceptions que lui a values sa naïve confiance dans les méthodes scientifiques. On était tellement certain que la science ne pouvait pas manquer d'être d'accord avec la démocratie! Quel déboire lorsqu'on s'est aperçu que la philosophie et l'histoire fuyaient ou même contredisaient de tous les côtés les dogmes de la République!

Cette mésaventure est tout particulièrement celle qui est survenue à la doctrine républicaine avec le célèbre ouvrage d'Albert Sorel, *L'Europe et la Révolution*, monument de l'école historique contemporaine.

Fustel de Coulanges et Taine exceptés, tout ce qui avait écrit l'histoire, au XIXe siècle, avait donné à pleines voiles dans les «nuées» romantiques et révolutionnaires. Mais Fustel ne s'était occupé que des origines, n'avait pas abordé la période contemporaine ni même les temps modernes: il n'avait pas touché les questions brûlantes. Quant à Taine, on s'était hâté de le disqualifier, en le traitant de réactionnaire. Ainsi la République se croyait sûre de son fait. En histoire comme ailleurs régnait ce que Pierre Lasserre a justement et fortement nommé «la doctrine officielle de l'Université». Il était entendu qu'un grand historien qui étudiait la Révolution ne pourrait aller que dans le sens de Michelet. Et plus Albert Sorel recevait, du monde savant, d'honneurs et d'hommages, plus les républicains se réjouissaient; car ils étaient tellement sûrs de leur affaire, tellement sûrs de détenir la vérité totale et éternelle, qu'ils ne se donnaient plus la peine de lire. Et même, à force de renoncer à la lecture, ils avaient perdu la notion de l'imprimé, en sorte que si, par hasard, ils tombaient sur un livre où leurs fameuses idées étaient mises en pièces, ils n'y voyaient que du feu. Supposons un homme de bon sens tombé de la lune, à qui l'on remettrait d'abord le tome huitième du grand ouvrage d'Albert Sorel et à qui l'on raconterait ensuite que, pendant des années et des années, il a été affirmé et même enseigné que les Bourbons, en 1814, étaient revenus dans les «fourgons de l'étranger». Cet homme de bon sens demanderait aussitôt si les Français qui disaient une chose pareille étaient des mystificateurs ou des fous. Et il affirmerait avec la dernière énergie qu'il a lu exactement le contraire dans le grand ouvrage de M. Albert Sorel, couronné deux ou trois fois par l'Académie française, récompensé par le prix Osiris, donné en modèle à tous les degrés de l'enseignement public et placé dans toutes les bibliothèques, aux frais de l'État.

Le tome huitième de *L'Europe et la Révolution* est, en effet, d'un, bout à l'autre, la réfutation d'une légende qui a plus fait peut-être que n'importe quel argument pour renverser la royauté en 1830 et rendre, au XIXe siècle, les restaurations «impossibles». Albert Sorel se contente d'exposer les faits avec une clarté puissante qui vient moins encore de la mise en oeuvre des documents que du génie de psychologue que possède l'historien. Ah! Albert Sorel est loin de se faire des illusions sur les chefs d'État, sur leurs ministres, et sur l'humanité en général. Si les actes des individus sont, quoi qu'en disent les misanthropes, encore assez souvent déterminés par des sentiments désintéressés ou par des principes supérieurs, Albert Sorel sait que l'intérêt est presque toujours la loi de la politique...

Sorel se rappelait que l'Europe, cent ans avant la restauration de 1814, s'était liguée contre Louis XIV; qu'elle s'était plus tard avidement partagé la Pologne; que l'Angleterre, en 1789, avait fomenté en France la guerre civile, comme la France avait, quelques années auparavant, soutenu contre l'Angleterre la révolution d'Amérique. Sorel avait compris les calculs des rois qui, en 1792, feignaient d'épouser la cause de Louis XVI, alors qu'en réalité ils ne songeaient qu'à s'agrandir aux dépens de la France, réduite, à la condition d'une autre République polonaise, ou bien à prendre les bons morceaux en Europe et ailleurs, en profitant de l'état d'anarchie où était tombé notre pays. Albert Sorel savait que Marie-Antoinette avait été trahie par son propre frère. Il savait que le roi de Prusse n'avait éprouvé aucune espèce de répugnance à faire sa paix avec les régicides, bien peu de mois après que les têtes royales avaient roulé sur l'échafaud. Il savait que l'empereur Alexandre avait recherché l'amitié de Napoléon. Surtout il ne méconnaissait pas les leçons de l'effrayant réalisme avec lequel l'empereur d'Autriche n'avait pas hésité à donner sa propre fille en mariage à l'usurpateur, à l'ogre de Corse, à Bonaparte lui-même...

Et voilà les États, voilà les monarques qui se seraient ligués, qui auraient mis leurs armées en campagne, fait la guerre pendant de longues années pour replacer sur le trône ces Bourbons pour lesquels ils ne ressentaient, avant 1789, que de la jalousie et de la haine, qu'ils avaient combattus, et contre qui ils s'étaient plus d'une fois coalisés, à qui ils avaient à peine donné un asile durant la Révolution! C'étaient ces rois-là qui auraient marché, comme de nouveaux Croisés, sous la bannière de la légitimité, eux qui avaient sans vergogne conquis des provinces, renversé des dynasties, distribué des royaumes et remanié dix fois la carte!

Sorel savait trop bien l'histoire, la politique et les hommes pour qu'une sottise d'aussi forte taille s'imposât à son esprit. C'est pourquoi il a pu étudier sans préjugé les événements de 1814 et les conditions dans lesquelles s'était accompli le retour des Bourbons. Nous allons voir, à l'aide de son oeuvre même, qui a toute la sérénité de la grande histoire, que la légende des fourgons de l'étranger est une invention si grossière qu'on a peine à croire que le peuple le plus spirituel de la terre ait jamais pu l'accepter.

2

CALCULS ET DISSENTIMENTS DES ALLIÉS AU MOMENT OÙ ILS ENVAHISSAIENT LA FRANCE

Il est devenu extrêmement difficile de soutenir que les monarques européens dont les armées envahissaient la France, il y a juste cent ans, se proposaient de restaurer leur bon frère Louis XVIII, car, n'étant d'accord entre eux sur aucun sujet de politique européenne, ils ne l'étaient pas davantage en ce qui concernait la politique à suivre vis-à-vis de la France.

«Au Congrès de Châtillon, a écrit le prince de Metternich, dans ses *Mémoires*, il y avait entre les puissances des divergences secrètes sur plusieurs points d'une importance considérable et décisive.» L'un de ces points capitaux était le remaniement de l'Europe, qui était la grande idée de l'empereur Alexandre. Or, ce remaniement était contraire au principe conservateur défendu par l'Autriche, conforme au principe révolutionnaire et napoléonien des nationalités. Le Tsar essaya de tromper ses alliés d'accord avec la Prusse, et d'entrer le premier à Paris pour dicter de là ses lois au monde. Ce calcul eut pour résultat l'imprudente marche de flanc exécutée par Blücher pour atteindre le premier la vallée de la Marne, et qui, à Montmirail et à Champaubert, le fit battre par Napoléon, toujours resté grand homme de guerre.

Si le projet d'Alexandre eût réussi, s'il se fût rendu maître de Paris avec l'appui des Prussiens, après avoir joué l'Angleterre et l'Autriche, il est infiniment peu probable que les Bourbons fussent remontés sur le trône. Tandis que Metternich et l'empereur d'Autriche étaient disposés à s'entendre avec Napoléon et à lui laisser la couronne, le Tsar songeait à donner à la France un souverain de sa façon: Maurras a rappelé récemment, à propos de certaines rumeurs sur des candidatures singulières au gouvernement de notre pays que, sous le Directoire, les mêmes calculs avaient déjà été ébauchés par les chancelleries européennes. Ces ambitions ont souvent travaillé des princes étrangers et des aventuriers de haut vol. Lorsqu'il y a «interrègne» dans notre pays, ce ne sont pas les candidats qui manquent. On en trouve même, quand il le faut, pour le trône d'Albanie: et le trône de France vaut bien plusieurs fois le trône d'Albanie sans doute. Le tsar hésitait donc entre divers favoris: il n'avait que l'embarras du choix. Il songea un moment à Bernadotte, une autre fois à Eugène de Beauharnais: peu lui importait, pourvu qu'il eût un homme et un régime qui lui dussent tout et qui fussent à sa discrétion.

De ce grave désaccord entre les Alliés,—désaccord dont Louis XVIII et Talleyrand devaient tirer si bon parti au Congrès de Vienne—nous avons un témoignage du plus haut intérêt: ce sont les célèbres *Dépêches du chevalier de Gentz aux hospodars de Valachie*. Comme on le sait, le chevalier de Gentz était le bras droit de Metternich, son confident, son interprète. La correspondance diplomatique qu'il adressait aux hospodars était d'une haute importance: il s'agissait de donner à ces bons Valaques le *la* de la diplomatie autrichienne qui les tenait sous son influence et les disputait à la Russie. Le chevalier de Gentz était bon écrivain et ses dépêches sont d'une singulière clarté. Il raconte à merveille les dissentiments qui séparaient les Alliés avant même leur entrée en France. Il montre Alexandre Ier, que «la rage d'aller à Paris rendait sourd à toutes les remontrances», trouvant lord Castlereagh trop modéré et s'irritant contre le plénipotentiaire autrichien Schwarzenberg, hostile à ses projets.

Plus habile, meilleur diplomate, quel parti n'eût pas tiré Napoléon de ces divisions entre ses ennemis [1]! Avec cela, l'Autriche ne demandait qu'à lui venir en aide. Non par sentiment, non pas à cause de Marie-Louise et du roi de Rome, expliquait le chevalier, mais parce que Metternich calculait que le maintien de Napoléon sur le trône servirait mieux qu'aucune autre combinaison les intérêts de l'Autriche. «Le voeu sincère du cabinet d'Autriche, écrit Gentz, le 11 avril 1814, était de faire la paix avec Napoléon, de limiter son pouvoir, de garantir ses voisins contre les projets de son ambition si inquiète, mais de le conserver, lui et sa famille, sur le trône de France. Ce voeu n'avait point son origine dans un mouvement de tendresse paternelle, car l'Empereur avait noblement subordonné toutes les impulsions de son coeur aux soins de son Empire et du salut commun de l'Europe; mais il était le résultat d'un calcul juste et éclairé.» *Juste* et *éclairé*: l'équité et les lumières invoquées ici, à l'usage des hospodars, ne doivent pas faire illusion à la postérité. Le mot qui les précède et qu'ils ornent est *calcul*. C'est le mot de la situation.

Et Louis XVIII? Et le principe de la légitimité, dira-t-on? Eh bien! voici ce qu'on en pensait chez les Alliés déjà parvenus à Langres le 22 janvier: «La question du rétablissement des Bourbons, qui alors fermentait dans toutes les têtes, fut cependant éludée de toutes parts; *personne n'eut le courage d'en faire ouvertement l'objet d'une discussion* [2]».

N'est-il pas sensible déjà qu'en 1814, comme en 1792, les rois, en passant nos frontières, se proposaient de démembrer notre pays et non pas d'y rétablir la monarchie qui avait construit la France? Les fourgons de l'étranger ne contenaient que les plans et les intérêts de chacun des coalisés et, sans les royalistes qui agissaient à Paris, jamais la Restauration ne se fût faite.

---

1. Il est vrai que la logique de son système politique le déterminait à une intransigeance absolue sur le chapitre des «conquêtes» et de la «gloire». Napoléon, dans cette phase critique fut l'esclave de la Révolution, l'esclave de l'élection. La même nécessité qui l'avait conduit jusqu'en Russie, le forçait à ne pas accepter un amoindrissement de l'Empire: son prestige sur le peuple français n'y eût pas résisté. Or, il s'en rendait compte lui-même, la monarchie légitime peut supporter la défaite. Un Napoléon doit y succomber.
2. *Dépêches inédites du chevalier de Gentz aux hospodars de Valachie*, publiées par le comte Prokesch-Osten fils, tome Ier, p. 62. Albert Sorel observe que Metternich, dans ses *Mémoires*, s'est appliqué à «se montrer et plus prévoyant et surtout plus favorable aux Bourbons qu'il ne l'était alors». Son intérêt d'associé de la Sainte-Alliance et le soin de sa réputation de diplomate l'y déterminaient.—Sur les dispositions des Alliés à cette date, Sorel (p. 257) note qu'à la réunion des Alliés du 29 janvier, qui précéda les conférences à Châtillon, le plénipotentiaire anglais Castlereagh «déclara que son gouvernement espérait qu'aucun des souverains alliés ne s'opposerait à la Restauration des Bourbons, *dans le cas où elle serait l'oeuvre de la nation française*, et il se réserva de rompre les négociations le jour où la situation de Napoléon n'assurerait plus de garantie à l'exécution des engagements qu'il aurait pris». Ce point de vue était celui du prudent et pénétrant Castlereagh à qui l'événement devait donner raison sur les deux objets de ses remarques du 29 janvier.

3

CE QUE LES ALLIÉS PENSAIENT DES BOURBONS

Nous n'avons plus qu'une idée très faible de ce que pouvaient être le sentiment républicain et la passion bonapartiste sous la Restauration. On raconte qu'un vieux conventionnel, s'étant senti mourir sans avoir vu la chute de Louis XVIII, légua une somme à son domestique, à la condition que celui-ci viendrait au cimetière le jour où les Bourbons seraient renversés, qu'il frapperait trois coups sur la tombe et qu'il dirait: «Monsieur, ils ne sont plus là.» Avec des haines pareilles, on comprend que la légende des «fourgons de l'étranger» ait trouvé des propagateurs et des dupes.

Il aura cependant fallu, pour en venir à bout, l'autorité et l'impartialité de la grande histoire. Dans le magistral tome huitième de *L'Europe et la Révolution française*, Albert Sorel n'a soutenu aucune thèse. Il s'est borné à exposer les faits avec sa connaissance profonde des hommes et de la politique, avec sa lucidité magnifique. Quand on l'a lu, on sait que Louis XVIII est monté sur le trône sans rien devoir à l'étranger.

Les souverains alliés dont les armées avaient envahi la France étaient au nombre de quatre. Ce n'était certainement pas dans les fourgons autrichiens qu'étaient les Bourbons, car Metternich eût volontiers laissé Napoléon Ier au pouvoir et, à défaut de Napoléon, il désirait la régence de Marie-Louise. L'empereur Alexandre de Russie avait son candidat: Bernadotte, et il ne voulait ni des Bourbons ni de Bonaparte. Le roi de Prusse abondait dans le sens du Tsar, qui méditait un remaniement de la carte d'Europe dont les Prussiens espéraient tirer de bons morceaux: la Saxe et toute la rive gauche du Rhin[1]. Seule, l'Angleterre pouvait passer pour être plus favorable à la solution bourbonienne que les autres. Encore sa préférence était-elle médiocrement tranchée.

Lord Castlereagh, le délégué de l'Angleterre au camp des Alliés, était un esprit politique de haute envergure. Il avait compris tout de suite que l'Angleterre n'avait pas intérêt à laisser le Tsar dicter la loi à l'Europe et que mieux valait qu'il y eût à Paris un gouvernement indépendant qu'une créature de la Russie. La crainte de la Russie fut le principe qui guida lord Castlereagh. Quant à la solution de Metternich (une entente avec Napoléon ou une régence de Marie-Louise), lord Castlereagh la trouvait un peu autrichienne d'une part et de l'autre chimérique, sachant (les Cent-Jours et le Second Empire lui ont donné raison) que tout régime napoléonien était, par définition, voué aux aventures.

Cependant, lord Castlereagh avait si grand'peur que la combinaison Bernadotte, dont l'empereur Alexandre ne démordait pas, aboutît, qu'il fut un moment tout près de se rallier aux plans de Metternich. Albert Sorel a cru pouvoir démêler que Castlereagh, s'étant rangé à l'avis de l'Autriche, c'est-à-dire à une entente avec Napoléon, pour faire échec au projet russe, avait conservé l'espoir d'agir sur Metternich à la faveur de leur accord et de le convaincre que la solution napoléonienne ne valait rien. Toujours est-il qu'à un moment donné l'idée d'une restauration des Bourbons fut abandonnée par lord Castlereagh lui-même, dont la préférence, au surplus, était toute subordonnée à un relativisme bien britannique, si même elle ne partait pas d'une vue purement personnelle et qui n'engageait que lui, les Anglais n'ayant jamais manifesté,—ils l'ont prouvé en 1789 et 1830,—aucune sympathie pour la monarchie française.

Le plus frappant, d'ailleurs, c'est de voir à quel point les Alliés étaient peu fixés sur le régime qui devait remplacer l'Empire et comme ils étaient divisés entre eux, occupés à se nuire les uns aux autres, nullement à servir la cause de Louis XVIII. Avant tout, que la Russie ne domine pas, que l'empereur Alexandre ne soit pas l'arbitre de la situation! Obsédés par le péril russe et pour ne pas voir arriver Bernadotte, le candidat du Tsar, Metternich et Castlereagh en vinrent à se faire des concessions réciproques. «Quant à moi, disait l'Anglais, j'aime mieux Napoléon Ier ou Napoléon II que la Russie à Constantinople.—Et plutôt qu'une Russie trop puissante qui opprimerait mon pays, je vous cède les Napoléons et Marie-Louise avec eux», répondait l'Autrichien. Durant ce temps, la Prusse commençait à craindre d'avoir joué bien gros jeu en se mettant sans réserve à la suite d'Alexandre. Elle ne tenait plus autant que naguère à Bernadotte et se disait prête à accepter «n'importe qui», même un Bourbon, pourvu que le royaume de Prusse pût s'agrandir de la Saxe.

Un Bourbon est remonté sur le trône et c'est justement pourquoi la Saxe n'est pas tombée aux mains des Prussiens, Louis XVIII ayant fait victorieusement échec à leur ambition au Congrès de Vienne. Mais il nous reste à voir comment ce furent les Français eux-mêmes qui imposèrent la restauration de la monarchie aux souverains étrangers, lesquels n'avaient jamais songé une minute aux intérêts de la France, mais seulement à leurs propres intérêts: ce dont on ne saurait les blâmer et ce qui ne pourrait, au surplus, étonner que les ignorants.

1. «La Prusse a des soldats pour faire cette guerre, elle n'a pas de diplomates pour négocier; elle n'en a d'ailleurs pas grand besoin; le Roi, relevé de sa déchéance par l'empereur de Russie, le suit fidèlement comme un vassal suit son suzerain... Peu lui importe pour le moment que le gouvernement de la France soit en telles ou telles mains; *résolu à dépouiller le vaincu*, il ne cherchera pas en même temps à s'attirer ses bonnes grâces... Sur ces questions secondaires, Frédéric-Guillaume s'en rapporte à Alexandre, et, comme lui, jouant au libéral, laisse le peuple français se prononcer en toute liberté.» Ces lignes sont d'un élève d'Albert Sorel, M. Pierre Rain dans son livre *L'Europe et la Restauration des Bourbons* (Libr. acad. Perrin, 1908).

4

QUELLES ÉTAIENT LES GRANDES ET VÉRITABLES PRÉOCCUPATIONS DE NOS VAINQUEURS

Sorel, qui a vu l'histoire en réaliste, avec une haute intelligence de la politique, a mis en lumière ce fait capital que les affaires de France n'intéressaient les Alliés qu'en fonction de leurs propres intérêts et de l'équilibre européen. Un travers très français, et dont nous sommes souvent raillés à l'étranger, consiste à croire que tous les peuples gravitent autour de la France comme les planètes autour du soleil et que nous sommes l'unique souci des gouvernements. La plupart de nos compatriotes ont ignoré, tout le long du XIXe siècle, que, même sous Napoléon et sous la Révolution, c'est-à-dire à une époque de l'histoire où la France semble tenir toute la place en Europe, il se posait aux gouvernements européens d'autres problèmes en même temps que le nôtre. Albert Vandal, par exemple, a très bien montré, pour la période napoléonienne, le rôle qu'avait joué la question d'Orient dans la politique générale.

Il a fallu énormément d'ignorance et de mauvaise foi pour affirmer que, de 1792 à 1814, les monarchies avaient fait la guerre pour rétablir sur le trône ces Bourbons qu'elles avaient si longtemps regardés et combattus comme leurs plus dangereux rivaux. Il a fallu beaucoup d'inexpérience et de naïveté pour croire que les rois qui avaient partagé la Pologne étaient capables de faire une croisade pour la légitimité.

Mon Dieu, oui! Il faut nous résigner à admettre qu'en l'année 1814, quand il semblait que le monde entier eût les yeux fixés sur la France et que le soleil dût s'arrêter de tourner en voyant tomber Napoléon, ce colosse, oui, il faut nous résigner à admettre que les diplomates européens avaient en tête de nombreux objets, parmi lesquels la question du futur gouvernement de la France était loin de tenir la première place. En Allemagne, en Italie, en Orient, toutes sortes de problèmes se posaient qui mettaient les «alliés» aux prises les uns avec les autres et dont la solution (remarque importante, remarque essentielle) postulait l'existence d'une France indépendante et forte. La rivalité de l'Angleterre et de la Russie en Orient ne date pas de 1814, mais c'est peut-être en 1814 qu'elle s'est le plus clairement révélée. A ce moment, l'empereur Alexandre, qui voyait grand, conçut le dessein d'établir la suprématie russe en Europe; il tenait déjà la Prusse à sa discrétion. Dès lors, son plan fut d'avoir la France dans sa main en y faisant régner un homme à lui, comme Bernadotte, ou en y rétablissant la république. Ce fut cette ambition et ces calculs d'Alexandre, que le sagace Castlereagh avait percés à jour, qui eurent ce résultat, de paradoxale apparence, d'intéresser, dans une certaine mesure, à la conservation et à l'indépendance de notre pays le seul peuple qui nous eût combattus sans relâche depuis vingt-cinq ans, celui qui avait secondé la Révolution en France, comme Louis XVI avait secondé contre lui la Révolution d'Amérique: l'Angleterre, il était inutile de la nommer.

Il faut convenir qu'en cette circonstance l'illustre Metternich eut peut-être le coup d'oeil moins net que Castlereagh. Sans doute, lui aussi redoutait la suprématie russe: l'Autriche eût été la première à en ressentir les effets, et déjà, de même qu'était ébauchée la rivalité anglo-russe, la question d'Orient mettait aux prises la Russie et l'Autriche. Mais, ici, Metternich pensa peut-être un peu plus aux détails qu'à l'ensemble. Il craignait surtout les plans du tsar Alexandre en Pologne, en Galicie. En tout cas, lui aussi, qui eût voulu s'entendre avec Napoléon, ou au moins obtenir une régence pour Marie-Louise, lui aussi fut plus convaincu que jamais de la nécessité de laisser une France solide comme contrepoids dans l'Europe occidentale à la suprématie russe qui menaçait, à l'est, d'entraîner tout le corps européen.

Le péril russe effrayait à ce point Castlereagh et Metternich que ces deux hommes d'État finirent par tout lui subordonner. Et ils lui subordonnèrent premièrement la question du gouvernement de la France, forte preuve que cette question ne les préoccupait que médiocrement. Et alors Albert Sorel d'écrire, avec sa clarté et ce don, qu'il possédait au suprême degré, de résumer les situations: «Il s'ensuit cette remarquable conséquence: Castlereagh disposé à traiter, au besoin, avec Napoléon, et Metternich, inclinant, au besoin, à la restauration des Bourbons; afin d'empêcher la Russie de dominer l'Europe. Ces combinaisons compliquées, cette impatience de «fixer les lots», ces luttes souterraines d'influences rappellent les empêchements des débuts de la Grande Guerre, au temps où l'on parlait du troc de la Bavière et des Pays-Bas et des partages de la Pologne.»

On comprend mal les événements historiques, on risque de les comprendre tout de travers (comme l'ont fait les malheureux qui ont cru et ceux qui pourraient croire encore aux «fourgons de l'étranger») si l'on ne se met pas dans l'esprit que la politique européenne embrasse des objets nombreux et d'une grande complexité, qu'elle est faite des rapports, incessamment variables, d'un certain nombre de forces entre elles. Notre amour-propre national répugne à admettre que les Alliés, ayant eu la joie de renverser Napoléon et d'envahir la France, aient pensé, au moment même où ils foulaient notre sol en vainqueurs, à toutes sortes de problèmes lointains et de pays barbares. Nous nous imaginons qu'ils ne songeaient qu'à nous et à l'humiliation qu'ils nous faisaient subir. Hélas! Ils ne s'occupaient que d'eux-mêmes et ils considéraient la France comme une pièce, pareille aux autres, sur l'échiquier européen, prêts à la sacrifier s'il l'eût fallu, prêts à la sauver, «au besoin».

5
L'INITIATIVE ET L'OEUVRE DES ROYALISTES FRANÇAIS

Nous pouvons désormais regarder comme un fait bien établi et hors de discussion que les souverains alliés étaient entrés chez nous sans avoir le moins du monde l'idée préconçue de replacer les Bourbons sur le trône de France. Divisés sur la question de savoir ce que deviendrait la France vaincue, c'est encore sur le maintien du régime napoléonien, sous sa forme pure ou sous la forme d'une régence, qu'ils se fussent entendus avec le moins de peine. Napoléon ne s'en douta qu'un peu tard. Quand il s'en aperçut, il fit aux Alliés toutes les avances imaginables. (Voir, tome VIII de *L'Europe et la Révolution* d'Albert Sorel, sa conversation avec le diplomate autrichien Wessenberg, qui commence par: «Je suis prêt à de grands sacrifices.») Il s'en est fallu de peu que l'entente de nos ennemis ne se formât sur l'Empire.

La question qui se pose alors est de savoir comment la monarchie a pu se faire. Tout simplement par la ténacité des royalistes français.

Ces royalistes, il importe de bien s'entendre, n'étaient pas du tout des «agents des princes». C'étaient de simples citoyens français, convaincus de la nécessité de rétablir la royauté pour sauver la France du désastre complet, du partage à la polonaise qui la menaçaient. C'étaient même des femmes à l'esprit cultivé, au lucide patriotisme comme cette Aimée de Coigny, la «Mademoiselle Monk» dont Maurras a conté l'aventure dans son livre L'Avenir de l'Intelligence.

Vitrolles fut le type de ces patriotes français qui se mirent en campagne pour faire prévaloir l'unique solution nationale, l'unique solution raisonnable qui était la solution royale. Sans lui et sans les hommes de sa trempe, la France de 1814 aurait eu un des gouvernements que l'étranger amenait, et pour de bon, dans ses fourgons: cette régence de Marie-Louise sous la tutelle autrichienne qu'acceptait Napoléon dans sa conversation avec Wessenberg, le règne de Bernadotte ou d'Eugène de Beauharnais, candidats qui souriaient à plusieurs des Alliés, la République même, à laquelle pensait le Tsar, alléché par les souvenirs de la Pologne,—exactement comme Bismarck devait y penser soixante ans plus tard.

Il faut, tout particulièrement, noter ce détail qui en dit long: Vitrolles ne connaissait pas les princes dont il avait entrepris de faire triompher la cause. Jamais, avant 1814, il n'avait vu ni Louis XVIII ni celui qui devait être Charles X. Vingt ans auparavant, il avait servi comme émigré sous les Condé: c'était tout... Et ses relations avec les cours étrangères: en quoi pense-t-on qu'elles consistaient? Vitrolles n'était qu'un petit gentilhomme très obscur et Albert Sorel le compare à un voyageur de commerce cherchant à placer sa marchandise. Seulement, ce voyageur de commerce avait une grande passion dans l'âme et la marchandise qu'il voulait placer, c'était le salut de son pays.

Ce passionné était un homme d'une rare pénétration, marqué pour la politique. Comment réussit-il à sortir de l'ombre et du néant? Par un admirable instinct, qui lui désigna les portes ou il convenait de frapper utilement. Il était parvenu à se faire introduire chez Talleyrand: il avait pressenti que le concours de Talleyrand, précieux pour la Restauration, pourrait être obtenu en raison de la situation personnelle et particulièrement délicate d'un homme de très grand talent qui était «brûlé» auprès de l'Empereur comme auprès des Jacobins. Vitrolles avait également cherché et trouvé l'intermédiaire capable de le mettre en rapports avec les chancelleries étrangères: c'était Dalberg, dignitaire de l'Empire, mais issu d'une de ces grandes familles catholiques de l'Allemagne rhénane, traditionnellement attachées à la France et qui avaient leurs entrées un peu partout en Europe.

Ainsi Vitrolles, volontaire de la monarchie, sans avoir reçu d'autre mission que celle de son patriotisme, s'en alla trouver les Alliés pour plaider auprès d'eux la cause des Bourbons. Il n'eût pas fallu lui dire, alors, à ce soldat obscur, que la monarchie se trouvait dans les fourgons de l'étranger. Car ce n'était pas chez Metternich qu'il l'avait rencontrée: L'Autrichien lui avait fait un accueil «assez froid, un peu aigre». (Albert Sorel) Ce n'était pas non plus chez l'empereur Alexandre, tout à fait glacial et qui lui avait opposé les «obstacles insurmontables» (*sic*) que présentait une restauration des Bourbons. Ce n'était même pas chez le seul qui ne fît pas d'objection de principe, lord Castlereagh, et qui fut pourtant «noble, tranquille, froid, poli». Partout de la froideur: le seul nom des Bourbons, prononcé au camp ennemi, faisait baisser la température. Le seul qui accueillît bien Vitrolles fut Hardenberg, le plénipotentiaire prussien: mais il était sourd, il avait vraisemblablement pris Vitrolles pour un autre, et d'ailleurs la Prusse ne faisait rien que ne voulût la Russie...

La grande vertu de Vitrolles, c'était l'entêtement. Il ne se laissa pas décourager. Il insista, se porta garant de l'opinion parisienne, répondit à toutes les objections (les mêmes qu'on élève contre la monarchie aujourd'hui encore). Et il dut éprouver une joie singulière, la première qu'il eût sentie depuis le commencement de sa campagne, le jour où Metternich lui répondit: «Peut-être, si vous avez Talleyrand.» Vitrolles avait prévu qu'on lui parlerait de Talleyrand et il put se réjouir. Il est vrai qu'on lui parla encore d'un autre personnage: —«Enfin, votre prince saurait-il s'attacher à Fouché?—Fouché, répondit Vitrolles à mi-voix, c'est un peu fort. Mais enfin, s'il était nécessaire...»

Fouché, le défroqué, le régicide, le policier qui avait fait emprisonner et exécuter tant de royalistes!... Le salut de la France valait-il qu'on passât sur Fouché?... Vitrolles ne se l'était pas demandé longtemps, et, son premier mouvement de répugnance vaincu, il se répondit à lui-même par l'affirmative.

❧ 6 ❧
QUEL ÉTAIT, EN 1814, L'ÉTAT D'ESPRIT DE LA POPULATION FRANÇAISE

On méconnaîtrait grandement les difficultés de la tâche qu'avait assumée le patriotisme de Vitrolles si l'on s'imaginait qu'il eût gagné sa cause et qu'il eût fait accepter aux Alliés la restauration de la monarchie parce qu'il avait admis lui-même l'éventualité d'une collaboration avec Fouché et parce qu'il s'était porté fort pour Talleyrand. L'insistance de Vitrolles avait obtenu qu'on prît en considération le principe royaliste en France, jusque-là très cavalièrement traité par les grandes Cours d'Europe. Au surplus, Vitrolles et ses amis étaient renvoyés à se pourvoir devant le peuple français et plus particulièrement devant le peuple de Paris, qui, dans l'idée de Metternich, devait décider pour toute la France, comme il était toujours arrivé au cours de l'histoire. Toulouse, Bordeaux avaient pu se déclarer pour les Bourbons: cela ne comptait pas à ses yeux: «C'est une grande coopération à Paris que vous nous avez promise, disait Metternich à Vitrolles; c'est cela qu'il faut obtenir le plus tôt possible.»

Le comte d'Artois, sur ces entrefaites, avait essayé de sonder les intentions de l'Autriche par un moyen diplomatique. Il avait chargé de cette mission un «neutre», M. de Wildermeth, sujet suisse. Metternich lui répondit, comme à Vitrolles: «C'est à la France de se déclarer.» Pendant ce temps, des Français, Rochechouard, Pozzo di Borgo, plaidaient, encore vainement, la cause de la légitimité auprès de l'empereur Alexandre, dont l'hostilité contre les Bourbons était tenace et qui s'entêtait dans son idée de faire régner sur la France soit Bernadotte, soit Eugène de Beauharnais, ou, à leur défaut, de rétablir la république.

Or, le rétablissement de la république était impossible, non pas qu'il ne subsistât en France et surtout à Paris assez de jacobins pour faire un gouvernement. Mais tout ce qui gardait des sentiments révolutionnaires, républicains, libéraux, était anéanti par l'événement et par l'évidence que l'invasion étrangère portait avec elle[1]. Voilà donc, en effet, où la Révolution avait conduit la France! Voilà comment la souveraineté populaire avait travaillé pour le peuple français! L'ennemi victorieux foulait de toutes parts le sol de la patrie et arrivait jusqu'aux portes de la capitale. Devant ce résultat final, qui la jugeait, la Révolution n'avait pas le moyen d'être fière ni d'élever la voix.

Aussi se taisait-elle. En ces journées de mars 1814, qui virent le premier grand règlement de comptes des erreurs et des chimères de 1789 avec la dure réalité, la Révolution rentra en elle-même, but sa honte, sentit que ce n'était vraiment pas l'heure de se montrer. Ce qu'il subsistait des meneurs des anciennes «journées» révolutionnaires se terra, par prudence et même, il faut le dire, par convenance patriotique, par une espèce de pudeur, de remords, d'instinct de la situation vraie, que n'eurent pas les républicains du 4 septembre.

Pour ce qui est de Napoléon, idole et maître tout-puissant naguère, il ne restait rien de son autorité si de son prestige au milieu des revers. Loin que la nation se serrât autour de lui, comme elle avait fait un siècle plus tôt autour de Louis XIV, c'était une désertion générale. On vit bien alors que Napoléon n'était qu'un chef d'aventure et son mot profond, son célèbre cri de jalousie à l'adresse des rois légitimes devint singulièrement vrai. Oui, le roi de France pouvait subir des revers. Un Napoléon n'y résistait pas. Bien mieux, l'«usurpateur» lui-même, sortant de sa propre personnalité par un effet du génie, entrevoyait à certains moments que la monarchie était nécessaire pour reconstruire ce que la Révolution et lui avaient défait: «Au point où les choses sont venues, il n'y a qu'un Bourbon qui me puisse succéder», assurait-il à La Valette en janvier 1814. Et un autre jour, à Rayneval, il annonçait: «L'ère des Bourbons recommence.»

Ainsi Napoléon lui-même désignait comme son successeur celui que désignaient aussi la raison et le patriotisme. Il se rendait compte du caractère fragile et artificiel de sa domination. Il n'ignorait pas que son prestige ne tenait qu'au succès. La partie étant perdue, tout l'abandonnait, peuple, fonctionnaires, dignitaires, famille, l'armée elle-même. «Sire, vous êtes seul», lui écrivait rudement, le 11 mars, son frère Joseph.

Dans ce grand silence de la Révolution humiliée, dans le vaste désert qui s'était fait autour de l'Empereur vaincu, il restait, aux royalistes qui n'avaient jamais désespéré, la tâche de faire prévaloir la cause royale et nationale, l'unique solution capable de sauver la France, soit du démembrement, soit d'un honteux protectorat de l'étranger. Il y eut là une heure décisive et que ces bons citoyens surent saisir.

---

1. Michelet dans ses souvenirs (*Ma Jeunesse*) a noté en quelques traits cet accablement général du Paris libéral et révolutionnaire en 1814.

7
COMMENT FUT ACQUIS À LA RESTAURATION UN PARTISAN DE LA PLUS HAUTE IMPORTANCE

L'invasion de 1814 jugeait si cruellement la Révolution et l'Empire que, comme nous venons de le voir, survivants de la période républicaine et partisans du régime napoléonien se terraient, n'osaient plus élever la voix. On se demande, en effet, ce qu'ils auraient bien pu dire. La France, envahie, désarmée, objet des convoitises et des calculs de quatre rois, jouait son existence, pouvait, d'un moment à l'autre, disparaître. C'est le péril que montraient les propagandistes des Bourbons partout où ils pouvaient atteindre, parmi les personnalités influentes d'alors, une intelligence ouverte. A cet égard, la conquête de Talleyrand devait être décisive.

Il faut suivre, comme l'a fait Albert Sorel, la série des états d'esprit traversés par Talleyrand pour se rendre compte des conditions dans lesquelles un homme d'État ayant déjà an passé et n'ayant pas encore renoncé à l'avenir, peut être conduit à prendre part à une entreprise politique d'aussi grande envergure qu'une restauration. Car personne ne pensera que, dans un élan d'enthousiasme et de remords, l'ancien évêque d'Autun fût allé se jeter aux pieds du roi légitime. Non. Il fallut d'abord le convaincre que l'idée royaliste était la seule force qui, au milieu de tant de ruines, subsistât dans la France de 1814. La proclamation de la royauté à Bordeaux [1] eut, sur le cours de ses pensées, comme en témoignent ses lettres à la duchesse de Dino, une influence décisive.

Désormais certain de s'appuyer sur un mouvement national, c'est-à-dire sur quelque chose de résistant, s'il adhérait à la monarchie, Talleyrand, avant de prendre entièrement parti et d'entrer dans l'action, pesa encore avec soin les éléments de la situation.

Les Bourbons revenaient si peu dans les «fourgons de l'étranger» que le point qui inquiétait le plus Talleyrand était de percer le dessein des Alliés. Il a lui-même exposé ses calculs en quelques lignes dans ses *Mémoires*: «Il devenait, a-t-il écrit, à toute heure plus pressant de préparer un gouvernement que l'on pût rapidement substituer à celui qui s'écroulait. Un seul jour d'hésitation pouvait faire éclater des idées de partage et d'asservissement qui menaçaient sourdement ce malheureux pays. Il n'y avait point d'intrigues à lier, toutes auraient été insuffisantes; ce qu'il fallait, c'était de trouver juste ce que la France voulait et ce que l'Europe devait vouloir.» C'était de trouver, aussi, la convenance, la sécurité et l'avantage de Talleyrand: et il se décida lorsqu'il se fut rendu compte que les intérêts des trois sujets à considérer coïncidaient: *la France* voulait la paix avec l'honneur, que lui apporterait la monarchie; *les Alliés* ne pouvaient pas se mettre d'accord sur les autres solutions; *Talleyrand* enfin, brûlé dans tous les camps, et qui n'avait de chances de revenir aux affaires qu'en rendant service à la cause qui, par situation, avait le plus de chances elle-même...

Par ce rapide croquis, on voit très bien comment les restaurations se font et pourraient se faire encore...

Ses calculs achevés, Talleyrand devint un légitimiste résolu, et dont la résolution croissait à mesure que la cocarde blanche paraissait davantage dans Paris et que plus de bouches poussaient le cri de: «Vivent les Bourbons!» C'est à ce moment précis qu'il dut livrer une rude bataille pour écarter un obstacle qui se présentait sur la route. Parmi les souverains alliés, si peu chauds pour la cause de la monarchie légitime, l'empereur Alexandre demeurait irréductible. Tous les plans se heurtaient à son opposition. Il nous reste à voir comment Talleyrand parvint à la lever et à l'aide de quels arguments il força la conviction du tsar, qui persistait à nous amener dans ses bagages soit la République, soit Bernadotte, mais pas du tout Louis XVIII...

---

1. De précieux documents publiés par le *Correspondant* du 10 mars 1914, attestent le caractère spontané du mouvement royaliste à Bordeaux.

faires se félicitaient, écrit Sorel. *Les libéraux se répandaient en effusions.* Les Alliés cessaient de paraître des ennemis.» Alexandre, autocrate dont l'ambition était de plaire à la démocratie, fut renforcé par cet accueil dans son dessein de donner à la France un gouvernement de sa façon. Son homme de confiance, Nesselrode, entra en contact avec Talleyrand, qu'il trouva entouré de Dalberg, de l'abbé de Pradt, du baron Louis, en pleine conspiration royaliste. Les premiers mots de Nesselrode furent pour déclarer que son maître «n'avait encore qu'une seule idée arrêtée, celle ne de pas laisser Napoléon sur le trône de France»... On le vit bien lorsque Alexandre en personne, descendu à l'hôtel Saint-Florentin, essaya de gagner Talleyrand à son idée qui était de faire régner sur la France Bernadotte ou un maréchal de l'Empire...

Ici Talleyrand fut supérieur.

«Pourquoi un soldat, dit-il à Alexandre, quand nous rejetons le premier de tous?» Et alors il développa, avec les arguments les plus propres à toucher l'autocrate, la thèse de la légitimité à laquelle il venait d'être fraîchement conquis lui-même: «Ni vous, Sire, ni les puissances alliées, ni moi, à qui vous croyez quelque influence, aucun de nous ne peut donner un roi à la France... Un roi quelconque, imposé, serait le résultat d'une intrigue ou de la force; l'une et l'autre seraient impuissantes. Pour établir une chose durable et qui soit acceptée sans réclamation, il faut agir d'après un principe. Avec un principe nous sommes forts; les oppositions s'effaceront en peu de temps; et, un principe, il n'y en a qu'un: Louis XVIII est un principe, c'est le roi légitime.»

Alexandre, un moment allié et même ami de Napoléon, avait bien prouvé qu'il n'était pas esclave des principes. A peine savait-il ce que c'était. Toutefois les paroles de Talleyrand le frappèrent. Ce grand imaginatif commença peut-être de concevoir ce jour-là le système de la Sainte-Alliance. Il persista pourtant à se réserver, évita de prononcer le nom des Bourbons, «se flattant, dit fortement Albert Sorel, se flattant encore que les Français en prononceraient un autre». Les Français n'en prononçant pas, Alexandre, le 31 mars, se décida à signer ce qu'on a appelé sa «déclaration». Au nom des souverains alliés, il se disait prêt à reconnaître et à garantir la constitution que se donnerait la nation française. Le papier paraphé, il hésitait encore... «Comment, demanda-t-il à Talleyrand, puis-je savoir que la France désire la maison de Bourbon?—Par une délibération, Sire, que je me charge de faire prendre au Sénat, et dont Votre Majesté verra immédiatement l'effet.—Vous en êtes sûr?—J'en réponds, Sire.»

Le 2 avril, comme il l'avait promis, Talleyrand avait en poche la «mémorable délibération» par laquelle le Sénat conservateur créé par les institutions impériales ruinait l'Empire. Comme le remarque Sorel, par une vue profonde qui illumine tout le cycle parcouru par la France de 1789 à 1814, l'assemblée qui proclamait la déchéance de Napoléon et ouvrait le chemin du trône à Louis XVIII, descendait en droite ligne des assemblées révolutionnaires. Parmi les signataires de la délibération, il y avait jusqu'à des régicides. C'étaient les mêmes qui avaient approuvé Brumaire comme Fructidor, après la Terreur et le reste. La grande aventure de la Révolution s'était, d'un bout à l'autre, déroulée devant la même toile de fond. Parmi ces avatars de vingt-cinq ans, le régime parlementaire issu des États Généraux, après avoir accepté tout ce que lui avaient apporté les hommes ou les circonstances, était resté pareil à lui-même...

Il manquait, après cela, quelque chose encore pour que la Monarchie fût faite. D'abord que Napoléon, abandonné de tous, se décidât à abdiquer: il fallut cela pour que les souverains alliés renonçassent complètement à leurs projets sur la France. Il manquait encore que Chateaubriand lançât sa fameuse brochure *De Buonaparte et des Bourbons*, «inspirée par la divination de l'inquiétude générale», et qui traduisit à l'usage du peuple français, avec magnificence, les raisons positives pour lesquelles Talleyrand s'était rallié à la cause royale. Alors l'acclamation populaire grandit, emporta tout... Avec Vitrolles et les royalistes obstinés qui n'avaient jamais ni désespéré ni cédé,

Talleyrand et Chateaubriand—les hommes le moins faits pour s'entendre—avaient été les vrais, les seuls artisans de la Restauration. Ils l'avaient imposée aux Alliés. En sorte que le Sénat put voter, le 6 avril, ce texte que le Corps législatif devait approuver le 9: «Le peuple français appelle *librement* au trône Louis-Stanislas-Xavier de France, frère du dernier roi.»

Ce «librement» est un des mots historiques les plus vrais qui aient jamais été prononcés. Au terme de cette étude, c'est celui qu'il faut retenir.

Copyright © 2022 par SSEL
Scribere Semper Et Legere
Couverture et mise en page : Canva.com, SSEL
ISBN Ebook : 9791029913860
ISBN Livre broché : 9791029913877
Tous droits réservés

8

LE SUPRÊME OBSTACLE AU RÉTABLISSEMENT DE LA MONARCHIE: LE VETO D'UN MONARQUE ÉTRANGER

Après avoir suivi scrupuleusement le récit impartial d'Albert Sorel, dans l'exposé des circonstances vraies qui accompagnèrent la Restauration de 1814, nous touchons donc au dénouement. Voilà Talleyrand gagné à la cause royale. Il ne reste plus, pour que la Monarchie soit faite, qu'une condition à remplir: obtenir l'aveu du plus puissant des souverains alliés, l'empereur Alexandre de Russie, arbitre de la situation.

Ce fut une partie bien curieuse, d'où Talleyrand sortit vainqueur, mais où le Tsar montra, avec une bonne foi médiocre, la persistance de son antipathie pour les Bourbons.

Alexandre avait fait son entrée dans Paris aux applaudissements, non des ultras ni des émigrés, mais des quatre-vingt-neuvistes. «Les gens d'af-

www.ingramcontent.com/pod-product-compliance
Lightning Source LLC
LaVergne TN
LVHW030344070526
838199LV00067B/6443